Roland Dorn

No Pain but Gain

Maximaler Kraft- und Muskelaufbau in nur 8 Minuten täglich mit dem No-Pain-Training

Autorenvita:

Roland Dorn, ist Diplom-Humanbiologe und arbeitet als internationaler Produktmanager bei einem weltweit führenden Gesundheitsunternehmen.

Er beschäftigt sich intensiv mit dem Thema Sport, ist 1. Dan im Hanbo-Jitsu und war bereits Deutscher Meister im Kobudo. Zudem hat er die No-Pain-Methode entwickelt, eine Form des Krafttrainings, die er in seinem ersten Buch „No Pain but Gain" weitergeben möchte.

Kontakt: www.linkedin.com/in/roland-dorn-5b244616a

Roland Dorn

NO PAIN
BUT GAIN

MAXIMALER KRAFT- UND MUSKELAUFBAU
IN NUR 8 MINUTEN TÄGLICH
MIT DEM NO-PAIN-TRAINING

Bibliografische Information der Deutschen Nationalbibliothek: Die Deutsche Nationalbibliothek verzeichnet diese Publikation in der Deutschen Nationalbibliografie; detaillierte bibliografische Daten sind im Internet über http://dnb.dnb.de abrufbar.

Coverfotos: KoolShooters, Nathan Cowley (Pexels)

Coverdesign: Roland Dorn

Abbildungen, Zeichnungen und Fotos: Roland Dorn

Lektorat und Korrektorat: Celina Keute (www.celinakeute.de)

Verlag: BoD · Books on Demand GmbH, Überseering 33, 22297 Hamburg, bod@bod.de

Druck: Libri Plureos GmbH, Friedensallee 273, 22763 Hamburg

ISBN: 978-3-7693-7718-7

Danksagung

Ich bedanke mich bei meiner Frau **Natalia Borkowska-Dorn**, durch deren Empfehlungen das Buch sehr viel lesenswerter geworden ist. Von ihrer Expertise in Sachen Schreiben und Minimalismus habe ich sehr profitiert.

Ich empfehle ihre Posts auf LinkedIn:
https://www.linkedin.com/in/nataliaborkowska/

Außerdem bedanke ich mich bei **Tobias Opitz**, dass er sich bereit erklärt hat, sich bei den gezeigten Übungen fotografieren zu lassen.

Ich hätte gern einen kürzeren Brief geschrieben,

aber hatte dafür nicht die Zeit...

-Blaise Pascal

INHALT

EINLEITUNG

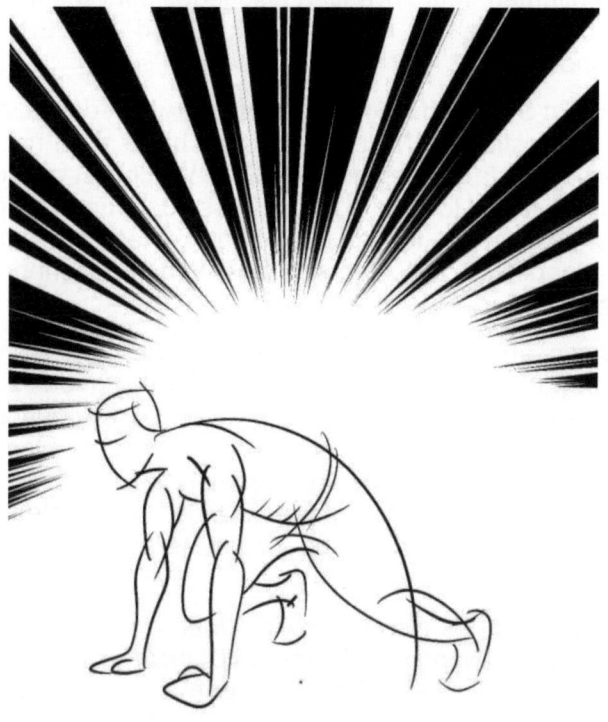

Einmal Zähneputzen dauert nur 3 Minuten. Zweimal täglich inklusive aller Vorbereitungen kommt man auf mindestens 8 Minuten, mit Zahnseide auf etwa 10 Minuten. Man investiert also jedes Jahr mehr als 3000 Minuten in die Gesundheit und den Erhalt seiner Zähne.

Das ist Standard. Jeder Erwachsene weiß, dass dies gut investierte 8 Minuten sind. Ich habe auch noch nie jemanden sagen hören: „Diese Woche ist bei der Arbeit so viel los und privat geht es auch rund, daher hatte ich die letzten 4 Tage keine Zeit zum Zähneputzen. Ich hole das aber am Wochenende nach."

Wieso aber investieren viele Menschen gar keine Zeit (tatsächlich 0 Minuten!) in Krafttraining, das zur aktiven Gesunderhaltung ihres Bewegungsapparates beiträgt? Sind ernste Rückenprobleme harmloser oder gar weniger schmerzhaft als Karies? Sind etwa kaputte Sehnen, Bänder und Gelenke einfacher zu reparieren oder zu ersetzen als kaputte Zähne? Nein, das Gegenteil ist der Fall.

Woran liegt es also, dass viele Menschen komplett auf Krafttraining verzichten und nicht einmal ein Mindestmaß an Zeit in den Muskelaufbau investieren? Ich vermute, es liegt an Aussagen, die uns seit unserer Jugend immer wieder begegnet sind, die also jeder kennt und oft an andere weitergibt, die aber nur zum Teil wahr und in vielen Fällen demotivierend sind.

Vor allem wurden diese Aussagen von den meisten Menschen nie oder nicht ausreichend hinterfragt.

Solche Aussagen lauten unter anderem:

▸ Ohne Schweiß kein Preis: Man muss sich quälen und bis ans Limit gehen, um Muskeln aufzubauen.

▸ Ein ordentlicher Muskelkater ist das beste Indiz für Muskelwachstum. Ohne Muskelkater geht es nicht.

▸ Ein Krafttraining, das alle relevanten Muskelgruppen abdeckt, dauert mindestens 45 Minuten am Stück. Das kann man nicht einfach so nebenher machen.

▸ Um einen signifikanten Kraftzuwachs zu erzielen, braucht man viele unterschiedliche Hanteln, Gewichte und anderes schweres Gerät. Am besten geht man mindestens zweimal pro Woche ins Fitnessstudio und verausgabt sich dort.

▸ Nur mit ausgefeilten Trainingsplänen erreicht man Muskelwachstum.

Ich habe diese Hypothesen hinterfragt, dabei in wissenschaftlicher Literatur recherchiert und andere Wege getestet. Ich fand heraus, dass die oben genannten Hypothesen beim „klassischen" Krafttraining vielleicht zutreffen, sich Kraft- und Muskelaufbau aber auch einfacher und mit weniger Aufwand erzielen lässt.

Die Notwendigkeit für diese Recherche ergab sich aus der Tatsache, dass ich, wie vermutlich viele Menschen, weder viel Zeit für Krafttraining hatte noch die Lust, mich hierfür zu quälen. Die

Notwendigkeit gut entwickelter Muskeln für einen gesunden und schmerzfreien Alltag war mir aber durchaus bewusst.

Inspiriert haben mich anfangs zahlreiche Bücher über Krafttraining, die mir aber letztlich nicht das bieten konnten, was ich brauchte. Denn ich war auf der Suche nach einem absolut minimalistischen Trainingskonzept, um mit minimalem Aufwand einen signifikanten Kraft- und Muskelzuwachs zu erzielen.

Ich wollte hierfür Mikropausen von einer Minute nutzen, zum Beispiel die kleine Pause zwischen zwei Videocalls im Homeoffice oder den Weg zur Küche, wenn ich mir Wasser holte. Mir war es dabei wichtig, in solchen Mikropausen nicht an meine Grenzen gehen zu müssen, sondern meinem Körper „nebenher" etwas Gutes zu tun.

Ich suchte also ein Trainingskonzept, bei dem man nicht bis zum Muskelversagen trainieren muss, von dem man weder Muskelkater noch andere Schmerzen bekommt und bei dem man idealerweise nicht einmal ins Schwitzen kommt.

Leider fand ich bei meiner Suche, die ich 2024 durchführte, kein Trainingskonzept, das diese Anforderungen voll erfüllen konnte. Deshalb musste ich selbst ein solches entwickeln. Ich gab ihm den Namen „No-Pain-Training" (NPT), da man dabei nicht ans Limit gehen oder sich quälen muss.

Dieses Buch soll Menschen mit ähnlichen Herausforderungen helfen, zu verstehen, dass es nur sehr wenig Zeit braucht, um Kraft- und Muskelzuwachs zu generieren. In unserer modernen, durchgetakteten, getriebenen und sitzenden Gesellschaft bleibt schließlich immer weniger Zeit, um sich um die eigene Gesundheit zu kümmern. Unser Lebensstil, vor allem das viele Sitzen und der Bewegungsmangel, tragen nicht gerade dazu bei, gesund zu bleiben. Zeitnot wird oft als Grund angesehen, dem nicht entgegenzuwirken.

Vom NPT bekommt man nicht einmal Muskelkater. Es ist ein Trainingsformat, das ohne viele Geräte oder Fitnessstudio-Ausrüstung und ohne ausgefeilte Trainingspläne auskommt und dennoch zu signifikantem Kraft- und Muskelzuwachs führt. Ein Krafttraining, das man in Mikropausen von weniger als einer Minute absolviert und für das man insgesamt nicht mehr Zeit benötigt als für das tägliche Zähneputzen, wie ich später zeigen werde.

Wie das funktioniert, erkläre ich dir in diesem Buch, damit auch du Kraft und Muskeln mit geringem Aufwand aufbauen kannst, um gesund und stark zu werden und zu bleiben. Bereits nach wenigen Wochen Training mit minimalem Zeitaufwand wirst du einen deutlichen Kraft- und Muskelzuwachs feststellen.

Roland Dorn, Bad Tölz 2025

VORTEILE DES NO-PAIN-TRAININGS

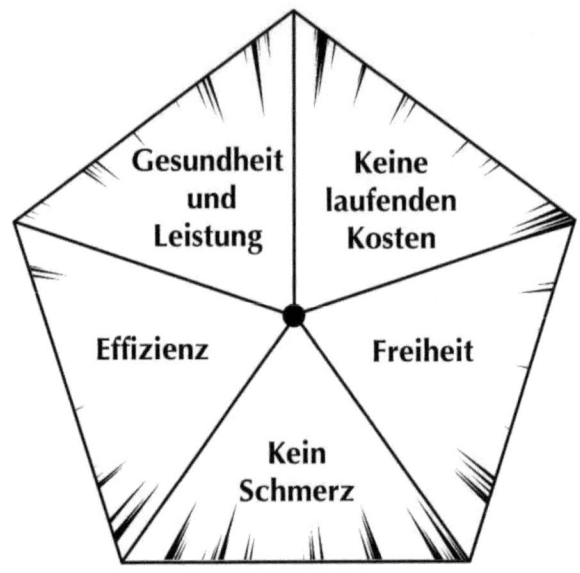

Gesundheit und höhere Leistungsfähigkeit:

▶ Deutlicher Zuwachs an Kraft.

▶ Sichtbares Muskelwachstum (Muskelhypertrophie).

Keine laufenden Kosten:

▶ Keine teure Mitgliedschaft im Fitnessstudio.

▶ Fast keine Ausrüstung nötig.

Effizienz:

▸ Dauer eines Übungssatzes: 20 Sekunden.

▸ Kein Schwitzen: Duschen und Umziehen nicht nötig.

▸ Gesamte Trainingsdauer: Nur 4 Minuten pro Tag.

Freiheit:

▸ Trainieren nach Prinzipien statt nach fixen Plänen.

▸ Integration des Trainings in den beruflichen und privaten Tagesablauf.

▸ Trainieren überall möglich: zu Hause, draußen, im Büro, auf Reisen.

▸ Viel gesparte Zeit für schönere Aktivitäten.

Kein Schmerz:

▸ Kein Training bis zum Muskelversagen.

▸ Kein Muskelkater wie beim konventionellen Training.

▸ Durchführung erfordert kaum Überwindung.

DAS KLINGT ZU SCHÖN, UM WAHR ZU SEIN. WIE SOLL DAS FUNKTIONIEREN?

Es stimmt tatsächlich, dass man nur wenige Minuten täglich benötigt. Die Gründe hierfür sind:

▸ **Kurze Zeit pro Übung**: Ein Trainingssatz beim NPT dauert ca. 20 Sekunden reine Übungszeit (inkl. Vorbereitung der Übung und Konzentration ca. 40 Sekunden).

▸ **Wenige Trainingssätze**: Für substantiellen Fortschritt in Sachen Kraftzuwachs braucht es pro Tag ca. 6 solcher Trainingssätze einer Übung, also nur 4 Minuten pro Tag, und zwar über den Tag verteilt, wie es am besten in den Alltag passt.

▸ **Multiplizieren:** Nach den ersten Wochen wird man pro Tag vermutlich nicht nur eine Übung durchführen, sondern zwei. Das wäre dann also in 8 Minuten pro Tag erledigt.

▸ **Weniger Überwindung:** Da man über den Tag verteilt und nicht bis zum Muskelversagen trainiert, erhöht sich die Wahrscheinlichkeit, das Training regelmäßig durchzuführen, anstatt es vor sich herzuschieben und am Abend doch keine Zeit dafür zu haben.

GRENZEN DES NPT

Das NPT ist keine Anleitung zum klassischen Bodybuilding. Du wirst sicher nur dann wie ein Bodybuilder aussehen, wenn du wie ein Bodybuilder trainierst und dir eine entsprechende Menge an Proteinen zuführst.

Natürlich wirst du beim NPT auch an Muskelmasse zulegen, aber wenn du große, bis ins Detail definierte Muskelberge anhäufen möchtest, solltest du vielleicht eher nach anderen, klassischen Methoden trainieren.[1]

Fitness: Ein gewisses Maß an Muskeln und Kraft ist essenziell für einen gesunden Körper, und genau das zu erreichen ist mein Ziel. Das alleine ist aber natürlich nicht ausreichend. Wenn du langfristig gesund leben möchtest, solltest du dich auch um deine Ausdauer, Beweglichkeit und Koordination kümmern.

Die Zeit, die man durch das NPT „spart", da man nicht stundenlang ins Fitnessstudio gehen muss, um Kraft aufzubauen, kann man genau dazu verwenden, um laufen zu gehen oder eine Sportart auszuüben, die Spaß macht.

WANN IST EIN KLASSISCHES TRAINING IM FITNESSSTUDIO GEEIGNET?

Natürlich spricht gar nichts gegen klassisches Training im Fitnessstudio, insbesondere wenn du

▸ deinen Muskelaufbau bis in die letzten Prozente maximieren oder einzelne Muskeln sehr gezielt trainieren willst,

▸ die ganze Bandbreite an Trainingsgeräten verwenden möchtest und entsprechende Abwechslung schätzt, zum Beispiel Training an Maschinen oder Seilzügen, mit Kurz- und Langhanteln oder Kettlebells aller Gewichts-stufen etc.,

▸ gerne mal eine Stunde fokussiert im Training versinken möchtest,

▸ dich beim Krafttraining gerne bis ins Letzte verausgabst,

▸ du gerne in Gesellschaft anderer Leute trainierst oder beim Sport andere Menschen kennen-lernen willst.

Falls all das nicht zutrifft und du stattdessen lieber Krafttraining mit minimalem Aufwand betreiben willst, um gesund zu bleiben, dann bietet sich das NPT als geeignetere Methode an – natürlich auch als Ergänzung oder in Kombination mit anderen sportlichen Aktivitäten.

DISCLAIMER

Ich bin kein Arzt, Sportwissenschaftler, Physiotherapeut oder sonstiger „Healthcare-Professional" und kann dir daher auch keine Tipps geben, wie man mit orthopädischen Problemen oder Krankheiten umgeht. Wende dich bitte an entsprechende professionell ausgebildete Fachkräfte, wenn du dich nicht gesund fühlst oder auf der Suche nach therapeutischen Programmen bist.

Ich werde dir lediglich erklären, welches Konzept ich für mich entwickelt habe und wie es für mich am besten funktioniert hat. Falls du dieses oder ein ähnliches Training durchführst, höre immer auf deinen Körper und beende das Training natürlich, wenn du Schmerzen entwickelst.

Mein Buch ist keine exakte wissenschaftliche Abhandlung, sondern ein Erfahrungsbericht mit Hinweisen auf publizierte wissenschaftliche Literatur. Für genauere Informationen liste ich am Ende entsprechende Publikationen und Bücher auf, die ich wärmstens empfehlen kann, sei es als weiterführende Literatur, als Inspiration für weitere Konzepte und Publikationen oder zur Erweiterung des eigenen Horizonts. Mir halfen diese Werke, mir ein entsprechendes Grundwissen anzueignen und möglichst effizient und mit wenig Aufwand Krafttraining zu betreiben.

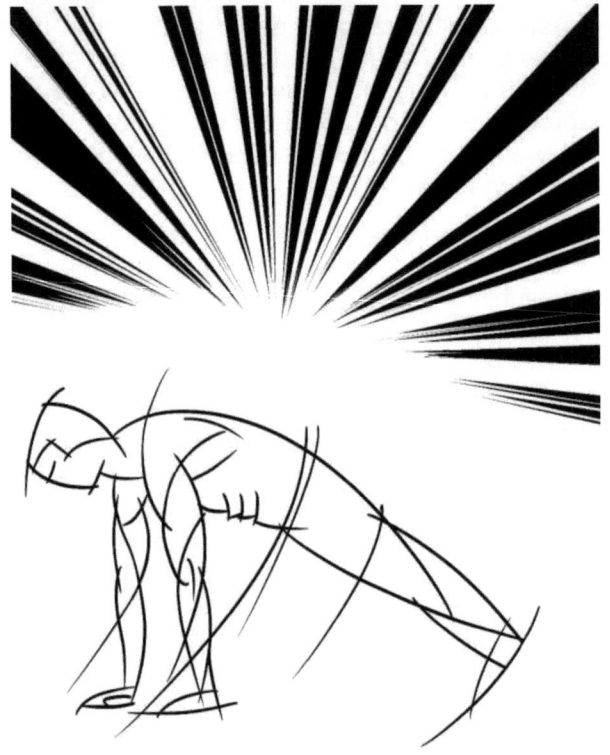

WARUM BRAUCHTE ICH MEIN EIGENES TRAININGSKONZEPT?

Als arbeitender Familienvater Mitte 40 war mir irgendwann klar, dass ich etwas für meine Fitness tun musste, vor allem für den alternden Muskelapparat, da dieser durch meinen Job am PC und das damit verbundene lange Sitzen und Stehen sehr beansprucht wurde. Leider habe ich während, vor und nach der Arbeit nicht viel Kapazität für Krafttraining. Ein Dilemma, das wohl vielen anderen Menschen ebenso bekannt sein dürfte.

Selbst das Arbeiten im Homeoffice hilft hier nicht weiter: Viele Menschen, die nie längere Zeit im Homeoffice gearbeitet haben, denken, wer im Homeoffice arbeitet, habe „dauerfrei mit etwas Arbeit" und mehr Zeit als der Kollege, der vor Ort arbeitet. Nichts liegt der Realität ferner.

Zwar spart man sich im Homeoffice tatsächlich die Anfahrt ins Büro, was durchaus ein großer Zeitgewinn sein kann, aber klar ist auch, dass man diese gewonnenen 45 Minuten meistens nicht in eine 45-minütige Sporteinheit investiert, sondern meistens gleich den Rechner hochfährt und mit der Arbeit loslegt, weil immer mehr zu tun ist, als man täglich schaffen kann.

Tagsüber hat man dann viele Videocalls, immer mehr Arbeitspakete abzuarbeiten und muss sich mittags auch noch selbst verpflegen, anstatt in die Kantine zu gehen. Man hat also im Homeoffice nicht mehr, sondern eher weniger Zeit, da man nicht nur effizienter, sondern oft auch mehr arbeitet. Hier auch noch eine halbe Stunde Pause einzubauen für ein Krafttraining, das den Namen verdient, ist schlicht unmöglich für die meisten Arbeitnehmer, insbesondere wenn man Kinder hat, die vor und nach der Arbeit die volle Aufmerksamkeit verdienen.

Hinzu kommt übrigens, dass man im Homeoffice gar nicht an die frische Luft kommt. Im Gegensatz dazu hat man auf dem Weg zur Arbeit immerhin das kurze „Vergnügen von Spaziergängen" vom Parkhaus zum Büro oder von einem Gebäude zum nächsten, was bei großen Firmen kumuliert durchaus 20 bis 30 Minuten am Tag ausmachen kann. Im Homeoffice fällt das meistens weg, da man oftmals einfach nicht vom PC loskommt.

Anstatt aber „aufzugeben" und das Training auf spätabends, kommendes Wochenende, nächste Woche oder eine unbestimmte Zeit zu verschieben, habe ich mich auf die Suche nach einem Training begeben, das man im wahrsten Sinne des Wortes nebenher absolvieren kann. Der Vorteil ist: Wenn man den Kraftaufbau „nebenher" zu Hause erledigen könnte, dann bräuchte man abends nicht mehr ins Fitnessstudio zu gehen und könnte stattdessen die Zeit nutzen, um frische Luft zu schnappen und dabei seine Ausdauer zu verbessern, indem man spazieren geht, eine Runde läuft oder radelt.

Ich suchte also nach einem Trainingsprogramm, das es mir erlauben sollte, mit geringstem zeitlichen Investment einen ausreichend großen Zuwachs an Kraft bzw. Muskeln zu erzielen. Trotz Recherche im Internet und der Lektüre einiger Bücher zum Thema[1,3,4,5,6] fand ich kein Trainingsprogramm, das meinen Anforderungen entsprach. Daher beschloss ich, selbst in die wissenschaftliche Literatur auf dem Gebiet einzutauchen und darauf basierend ein

Trainingskonzept zu erarbeiten, das mich meinen Zielen näherbringt.

ZIELE, DIE DAS FÜR MICH PERFEKTE TRAINING ERFÜLLEN SOLL

Wie bei jedem Projekt war es essenziell, zunächst das Ziel zu definieren: Erst den Kurs bestimmen, dann die Segel setzen.

> Oberstes Ziel war es, ein Trainings-konzept zu entwickeln, das sich an meine Lebensumstände anpasste, und nicht umgekehrt.

Ich brauchte ein Trainingsprogramm, das ich mit nur wenigen Hilfsmitteln immer und überall durchführen konnte. Keine Trainingsunterbrechungen, wenn man im Urlaub oder auf Dienstreisen ist und es im Hotel keinen Fitnessraum gibt.

Als Familienvater und Arbeitnehmer suchte ich ein Trainingsprogramm, für das ich mir nicht extra zweimal 45 Minuten pro Woche reservieren musste, da die Zeit weder vorhanden noch priorisierbar war. Ich wollte also keine Mitgliedschaft in einem Fitnessstudio abschließen, sondern zu Hause mit dem eigenen Körpergewicht trainieren können.

Außerdem hatte ich das Ziel, in möglichst kurzen (Mikro-) Pausen einen deutlichen Muskel- und Kraftzuwachs zu erzielen. Einerseits, um gesund zu bleiben, denn die hinzugewonnene Kraft sollte mir helfen, Alltagsbewegungen wie Aufstehen, Stehen, Gehen oder Heben mühelos in richtiger Haltung durchzuführen, um Fehlhaltungen zu vermeiden. Andererseits, um mich im Sport, zum Beispiel beim Klettern, zu verbessern.

Idealerweise sollte das Konzept kein Krafttraining bis zum Muskelversagen beinhalten. Wie bereits erwähnt, widerstrebt mir dies generell. Früher konnte ich das ganz gut, aber heute – im fortgeschrittenen Alter – schreckt mich das ab. Allein der Gedanke an ein Training bis zum Muskelversagen führte in den letzten Jahren bei mir zur Prokrastination von ganzen Trainingseinheiten.

Auch Muskelkater sollte aus ähnlichen Gründen vermieden oder zumindest minimiert werden. Als ich vor Jahren ins Fitnessstudio ging, hatte ich das Gefühl, dass die besonders intensiv trainierten Muskelgruppen an ein, zwei Tagen nach dem Training nicht nur entsprechend geschmerzt haben, sondern dass ich die betroffene Muskelgruppe in dieser Zeit auch nicht durch weitere sportliche Aktivitäten voll beanspruchen konnte.

Nach meinem Empfinden hatte das klassische Hypertrophie-Training zur Folge, dass die trainierten Muskeln ein oder zwei Tage nach dem Training gefühlt „ausfielen" bzw. weniger Spannung hatten. Das liegt vermutlich daran, dass die Regenerationszeit beim Training bis zum Muskelversagen deutlich länger andauert als beim Training ohne Muskelversagen.[2]

Des Weiteren sollten dem Training keine großen, ausgefeilten Trainingspläne zugrunde liegen, um den Dokumentationsaufwand so gering wie möglich halten und immer flexibel reagieren zu können.

Was ich ebenfalls nicht anstrebte, war ein Bodybuilding-Körper: Ich wollte keine Maximierung des Muskelzuwachses, keine Quälerei, sondern ein einfaches Programm, das man nebenher absolvieren kann.

Aus dieser Idealvorstellung ergaben sich also bestimmte Eckpfeiler, die ich in mein Trainingskonzept habe einfließen lassen:

- deutlicher Zuwachs an Kraft und Muskelmasse
- effiziente, kurze Trainingseinheiten
- Training ohne Qual
- Körpergewichtsübungen fast ohne Hilfsmittel
- Anpassung des Trainings an Lebensumstände – nicht umgekehrt
- keep it simple

DIE PRINZIPIEN DES NO-PAIN-TRAININGS

- wenige Übungen pro Tag
- nicht bis zum Muskelversagen trainieren
- hohe Intensität
- langsame Ausführung
- die Sätze über den Tag verteilen
- viele Sätze pro Woche

WENIGE ÜBUNGEN PRO TAG

Beim NPT beschränkt man sich auf nur eine oder zwei Übungen pro Tag. Das hat folgende Vorteile:

Einerseits macht es die Trainingsplanung und Dokumentation sehr leicht. Zum Beispiel: Heute Klimmzüge und Rückenstreckung, morgen Liegestütze und Sit-ups. Fertig.

Oder: Klimmzüge an den Tagen, an denen eine Stange verfügbar ist (Homeoffice), Kniebeugen an Office-Tagen (falls man zu den Leuten gehört, die sich im Büro ungern für Sit-ups auf den Boden legen). Ein detaillierter Trainingsplan ist dafür nicht nötig.

Andererseits hilft die Limitation der Übungen dabei, sich auf die korrekte Ausführung zu konzentrieren. Und die korrekte Ausführung einer Übung ist bei den Übungen des NPT, die mit hoher Intensität ausgeführt werden sollen, sehr wichtig. Zum einen, um die Intensität entsprechend hochzuhalten (kein „Schummeln" durch unsaubere Ausführung), und zum anderen, um Verletzungen zu vermeiden.

Als ich das Programm entwickelt habe, gab es auch Tage, an denen ich vor lauter Begeisterung den Umfang gesteigert habe, indem ich eine dritte Übung am gleichen Tag absolviert habe.

Leider musste ich schnell feststellen, dass die korrekte Form der Ausführung von mindestens einer der Übungen dabei gelitten hat. Außerdem hat es sich stressig angefühlt, 18 statt 12 Sätzen (6 pro Übung) im Laufe des Tages „unterzubringen", auch wenn ich an dem Tag frei und somit genügend Zeit gehabt habe.

Vielleicht ist das bei dir aber anders. Insofern empfehle ich ein bis zwei verschiedene Übungen pro Tag, aber wenn dir mehr Übungen guttun, dann lass dich nicht aufhalten. Es handelt sich bei meinen Empfehlungen ja um meine Erfahrungswerte und nicht um strenge Regeln.

NICHT BIS ZUM MUSKELVERSAGEN

Wenn du bereits gewisse Erfahrung mit Sport- und Krafttraining hast, dann hast du bisher vermutlich von den meisten Trainern und Trainingspartnern gehört, dass man zum Kraft- und Muskelaufbau immer bis zum Muskelversagen trainieren muss.

Man sollte eine Übung so lange ausführen, bis man trotz maximaler Anstrengung das Gewicht oder den Körper nicht mehr bewegen kann. Also pro Trainingssatz so viele Wiederholungen ausführen, „bis man keine mehr schafft". Nach einer kurzen Pause absolviert man den nächsten Satz, wieder bis zum Muskelversagen, und das Ganze noch ein drittes Mal.

Für alle, die diese Art des Trainings nie richtig überzeugt hat kommt jetzt die gute Nachricht:

> Trainieren bis zum Muskelversagen
> ist nicht nötig.

Behaupte ich also das Gegenteil dessen, was alle Trainer dieser Welt zu wissen scheinen? Ja und nein: Zum einen behaupte ich das nicht einfach, sondern beziehe mich auf entsprechende wissenschaftliche Erkenntnisse.[1,7]

Zum anderen kommt es ganz entscheidend darauf an, mit welcher Trainingsintensität man trainiert: Wenn man mit leichter Intensität trainiert, muss man tatsächlich die Muskeln erschöpfen, indem man die Wiederholungen bis zum Muskelversagen durchführt. Trainiert man aber mit hoher Intensität, muss man nicht bis ans Limit gehen, um das gleiche Maß an Kraft- und Muskelzuwachs zu erzielen.[7]

Was genau „hohe Intensität" bedeutet, erkläre ich dir im nächsten Abschnitt. Nur so viel an dieser Stelle: Vereinfacht gesagt wählt man eine Übung aus, die man mit maximaler Anstrengung nur 12- oder 15-mal wiederholen könnte. Um diese Intensität zu ermitteln, muss man allerdings hin und wieder einmal ans Limit gehen. Sorry.

Von einer so intensiven Art der Übung absolviert man im NPT nur ca. 5 Wiederholungen pro Trainingssatz. Man sollte darauf achten, dass man weder bis zum Muskelversagen trainiert noch annähernd bis dahin. Spätestens in dem Moment, in dem man denkt: „Jetzt wird es zaach", hört man auf. Oder besser noch vorher. Pavel Tsatsouline beschreibt es in seinem Buch „The Naked Warrior"[5] in etwa so, dass man sich nach einem Trainingssatz frischer fühlen sollte als vorher.

Ganz so weit würde ich nicht gehen, aber zumindest sollte man rechtzeitig aufhören, bevor es sich richtig schwer anfühlt.

Wenn es nur 3 Wiederholungen waren, ist das auch nicht schlimm, denn man kann im Laufe des Tages viele weitere Sätze absolvieren und somit viele Wiederholungen „sammeln". Im Übrigen ist genau das ein Vorteil des NPT: Über den Tag verteilt viele Sätze mit nur wenigen Wiederholungen, fern vom Muskelversagen, zu absolvieren, führt zum gewünschten Kraftzuwachs, ohne die Muskeln zu ermüden.

Im Gegensatz zum klassischen Training (mehrere Sätze relativ schnell hintereinander, alle bis zum Muskelversagen) kann man so auf die Woche gesehen insgesamt mehr Wiederholungen und Sätze bei höherer Intensität absolvieren und so das Trainingsvolumen steigern, ohne an Intensität zu verlieren, was zu deutlich stärkerem Kraftzuwachs führen kann.[8]

WEITERE VORTEILE DES TRAININGS OHNE MUSKELVERSAGEN

Die Muskeln regenerieren sehr viel schneller verglichen mit einem Training bis zum Muskelversagen.[2,9] Man leidet also am nächsten Tag nicht am berühmten Muskelkater. Außerdem spürt man, dass man keine starken funktionellen Einbußen hinnehmen muss, falls man am Tag nach dem NPT zum Beispiel klettern geht, da die Regenerationszeit ohne Muskelversagen deutlich verkürzt ist.

Aufgrund der schnelleren Regeneration kann man die gleiche Muskelgruppe schneller wieder trainieren und schafft auf diese Weise mehr Trainingsvolumen pro Woche.

Ein sehr angenehmer Effekt ist zudem, dass man sich durch dieses quasi nebenher absolvierte Training nicht erschöpft fühlt, was durchaus wichtig ist, wenn man vor- und nachher am Schreibtisch sitzt und konzentriert arbeiten muss.

Last but not least: Ich bin nicht mehr willens, zum Beispiel 3 Sätze Liegestütze bis zum Muskelversagen zu absolvieren. Punkt. Allein der Gedanke daran würde bei mir zur Prokrastination des Trainings führen. Beim NPT ist das zum Glück nicht mehr nötig, und die Trainingsmotivation steigt.

Zusammengefasst bietet das Training ohne Muskelversagen verglichen mit „klassischem Krafttraining" viele Vorteile:

- mehr Trainingssätze und Wiederholungen pro Woche
- geringerer Zeitaufwand
- keine Schmerzen während des Trainings
- kein Muskelkater
- keine funktionellen Einbußen am folgenden Tag
- gestärkte Trainingsmotivation

HOHE INTENSITÄT

Dass eine Übung mit entsprechend hoher Intensität ausgeführt wird, ist Grundvoraussetzung dafür, dass man nicht bis zum Muskelversagen trainieren muss, um entsprechend effizient Kraft und Muskeln aufzubauen.[7]

WAS HEIßT HOHE INTENSITÄT?

Eine hohe Intensität (hohe Last) weist eine Übung in der Regel bei mindestens 60% des „1-Repetition Maximum" („1RM") auf. Beim 1RM handelt es sich um die Intensität einer Übung, die man mit maximaler Anstrengung nur einmal ausführen kann. Es wird vermutet, dass etwa ab der Schwelle von 60% bereits alle motorischen Einheiten rekrutiert werden.[7,10]

Liegt die Intensität der Übung unterhalb dieser Schwelle von ca. 60% des 1RM, muss man tatsächlich bis zum Muskelversagen trainieren, um einen deutlichen Zuwachs an Kraft zu erreichen.[7,10] Viele Sportler trainieren genau so, und das ist natürlich nicht falsch.

Mir persönlich ist das aber zu anstrengend und es entspricht nicht meinen Anforderungen an ein Krafttraining.

Motorische Einheiten? „1-Repetition Maximum"? Wovon rede ich hier? Falls dich Anatomie, Physiologie und Stoffwechsel von Muskeln interessieren, lege ich dir das Buch „Muskelrevolution" von Marco Toigo ans Herz.[6] Es handelt sich dabei um eine sehr detaillierte wissenschaftliche Übersicht der oben genannten Themen.

Falls du eine etwas leichter verdauliche Lektüre zu diesem Thema inklusive vieler praktischer Anwendungsempfehlungen suchst, empfehle ich das Buch „Hypertrophietraining" von Stephan Geisler, Simon Gavanda, Eduard Isenmann und Tim Havers.[1]

WIE ERMITTELT MAN BEI KÖRPERGEWICHTSÜBUNGEN DIE 60% DES „1-REPETITION MAXIMUM"?

Beim klassischen Hanteltraining ist das relativ einfach zu bestimmen, indem man so viel Gewicht stemmt, dass man nur eine saubere Wiederholung schafft. 60% des 1RM sind dann leicht zu berechnen. Nur relativ einfach deswegen, weil es für Amateure durchaus gefährlich sein kann, so hohe Gewichte aufzulegen.

Wenn man mit dem eigenen Körpergewicht arbeitet, kann man nicht so vorgehen wie beim Hanteltraining. Man könnte zwar theoretisch eine Variation einer Übung suchen, die man genau einmal sauber durchführen kann (Intensität entspricht 100% des 1RM), aber man kann diese Variation für das Training nicht verwenden, da sie schlicht zu schwer wäre und ein Trainingssatz, der aus nur einer Wiederholung besteht, zu kurz dauern würde, um Muskelwachstum zu initiieren.

Man muss die Bestimmung also über die Wiederholungszahl angehen. Es gibt zahlreiche Modelle für die Umrechnung, wie viele maximal geschaffte Wiederholungen wie viel Prozent des 1RM entsprechen.[11]

Diese Ansätze sind mehr oder weniger genau und somit richtig für den Ansatz des NPT (keep it simple). Immerhin will man lediglich sicherstellen, dass man mit mindestens 60% des 1RM arbeitet.

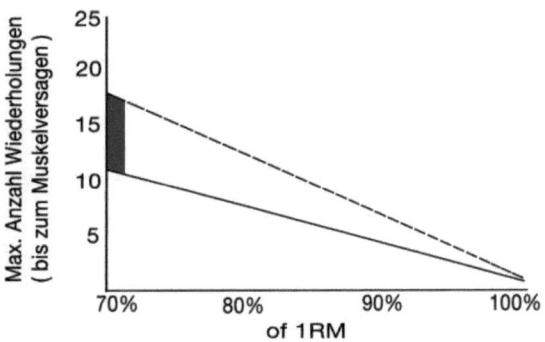

Abbildung adaptiert aus Richens et al. 2014

Aus der adaptierten Abbildung von Richens (2014) lässt sich Folgendes ableiten: Wenn man eine bestimmte Variation einer Übung bis zum Muskelversagen durchführt und mit aller Kraft und Motivation nicht mehr als 15 Wiederholungen schafft (genauer gesagt 12 oder 17, je nach Modell, grauer Bereich, siehe Abbildung), liegt die Intensität dieser Übung bei ungefähr 70% oder darüber. Also genau richtig für das NPT, denn um etwas Puffer bezüglich der Ungenauigkeit der Messung und der Übungsausführung einzubauen, sollte man aus meiner Sicht eher auf Intensitäten von ca. 70% des 1RM abzielen.

Sollte man aber mehr als 15 korrekt ausgeführte Wiederholungen in einem Satz schaffen, dann ist diese Übungsvariation definitiv zu leicht (Intensität < 70% des 1RM) und man sollte künftig eine schwierigere Variation der Übung absolvieren. Beim Liegestütz können verschiedene Übungsvarianten in der Reihenfolge aufsteigender Intensität so aussehen:

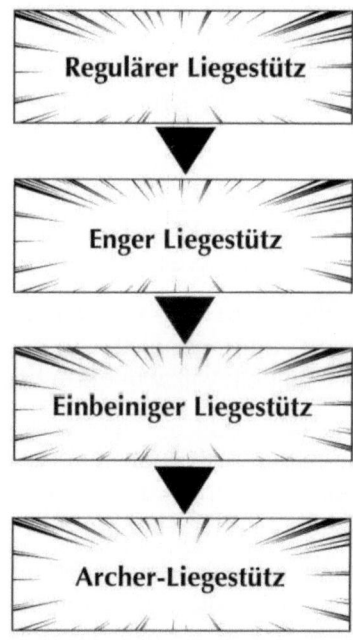

Vor der Ermittlung des 1RM sollte man der betroffenen Muskelgruppe übrigens einen trainingsfreien Tag zur Erholung gönnen, damit die Muskeln erholt sind und das Ergebnis nicht verfälscht wird.

Andererseits sollte man die Intensität nicht zu hoch wählen, denn je höher diese ist, desto weniger Wiederholungen schafft man pro Satz. Und wie sich später zeigen wird, könnte eine gewisse Spannungsdauer („time under tension"), also die Zeit, in der der Muskel arbeitet, relevant für den Muskelaufbau sein.[6]

Würde man zum Beispiel nur zwei Wiederholungen schaffen, wäre die Dauer der Übung schlicht zu kurz, um Muskelmasse aufzubauen, selbst wenn sich die Kraft dabei steigern ließe. Sehr hohe Intensitäten (90% des 1RM) würde ich eher Kraftsport-Profis überlassen.

SOLLTE MAN ALSO NIE BIS ZUM MUSKELVERSAGEN TRAINIEREN?

Sag niemals nie: Zum einen ist ein Satz bis zum Muskelversagen unumgänglich, wenn man sein eigenes 1RM ermitteln will, wie eben beschrieben.

Andererseits ist das Trainieren bis zum Muskelversagen natürlich auch ein besonderer Reiz, der vor allem bei sehr trainierten Sportlern für Muskelwachstum hilfreich sein kann.[7]

Und wenn man ohnehin die nächsten zwei Tage wirklich nicht zum Trainieren kommt, kann man die Gelegenheit durchaus nutzen, einmal „klassisch" mehrere Sätze bis zum Muskelversagen zu trainieren, und dem Muskel im Anschluss eine entsprechend lange Regenerationszeit einräumen.

LANGSAME AUSFÜHRUNG

Ich empfehle, die Übungsausführung eher langsam zu gestalten. Das hilft zum einen, sich auf die korrekte Ausführung zu konzentrieren, mit weniger Möglichkeiten, durch Verfälschen der Bewegung die Intensität unbewusst absinken zu lassen. Zum anderen erreicht man so mehr Zeit unter Spannung („time under tension"), was möglicherweise zum Muskelwachstum beiträgt,[6,1] auch wenn es andererseits Hinweise in der Literatur gibt, dass die Länge der Zeit unter Spannung kein kritischer Faktor zu sein scheint.[10]

Die Rechnung ist ziemlich einfach: Führst du eine Bewegung halb so schnell aus, verdoppelt sich die Zeit unter Spannung. Des Weiteren erhöht man durch die langsame Ausführung die Intensität der Übung, da die Muskeln bei langsamer Kontraktion mehr Kraft ausüben können als bei schneller Bewegung.[6]

WIE LANGSAM SOLL ES SEIN?

Das kommt wie so oft darauf an: Ich kenne keine Studie, die das NPT-Set-up (Training ohne Muskelversagen, alle Sätze über den Tag verteilt) untersucht hat. Ich persönlich fokussiere mich darauf, die Wiederholungen so langsam auszuführen, dass ein Satz mindestens 10 und idealerweise 20 Sekunden dauert.

Wenn ich kürzlich zu einer schwierigeren Übungsvariante gewechselt habe, sind es eher 10 Sekunden, später kann ich durchaus 20 Sekunden erreichen, ohne nahe ans Muskelversagen zu kommen. Meist liege ich aber irgendwo dazwischen.

Im Prinzip gibt es hier drei Komponenten (Zeit unter Spannung, hohe Intensität, kein Muskelversagen), von denen man immer nur zwei gleichzeitig erfüllen kann. Denn bei hoher Intensität kann man nur kurze Zeit trainieren, ohne zum Muskelversagen zu kommen. Trainiert man intensiver, so werden die Muskeln schneller müde und die Trainingszeit verkürzt sich weiter.

Möchte man mehr Zeit unter Spannung erzielen, muss eine weniger intensive Übung gewählt werden. „Kein Muskelversagen" ist bei dieser Art des Trainings immer gesetzt, sodass man die Intensität und die Zeitdauer unter Spannung variiert.

Ich selbst ziele auf ein ideales Verhältnis von Intensität und Zeit unter Spannung ab: Die Übung in einer Intensität möglichst nahe an 70% des 1RM so langsam wie möglich ausführen, um 20 Sekunden zu erreichen, ohne zu ermüden.

Aber natürlich kann man auch hier etwas Variation ins Training bringen, indem man an manchen Tagen mit höherer und an anderen Tagen mit etwas geringerer Intensität, aber dafür längerer Satzdauer, also mehr Wiederholungen pro Satz, trainiert. Auch eine Variation der Ausführungsgeschwindigkeit kann im Sinne der Variation der Trainingsreize sinnvoll sein.[1]

DIE SÄTZE ÜBER DEN TAG VERTEILEN: IN DER GEWOHNHEIT LIEGT DIE KRAFT

Wenn man Bücher oder wissenschaftliche Literatur über Krafttraining oder Bodybuilding liest, wird einem schnell auffallen, dass sich die empfohlene Zeit zwischen den Übungssätzen zwar immer wieder unterscheidet, sich aber im Rahmen von 30 Sekunden und einigen Minuten bewegt. Beim Hypertrophietraining, das auf den Aufbau von Muskelmasse zielt, werden eher kürzere Pausen bevorzugt (30 bis 60 Sekunden), wobei für den Zuwachs von Kraft eher lange Pausen (> 3 Minuten) von Vorteil sind.[10] Somit wird das klassische Training innerhalb einer sehr limitierten Zeit ausgeführt und beendet.

Beim NPT ist das anders: Die Pause zwischen den Sätzen *kann* zwar in Ausnahmefällen im Bereich weniger Minuten liegen, generell aber verteile ich die Sätze über den Tag oder zumindest den gesamten Vormittag. Damit liegen die Pausen zwischen zwei Sätzen im Bereich zwischen 20 Minuten und 2 Stunden. In der Regel ziele ich auf mindestens eine Stunde Pause ab.

Wenn die Regeneration der Muskeln bereits nach wenigen Minuten abgeschlossen ist, wie beim klassischen Training, warum dann diese viel längeren Abstände von mindestens einer halben Stunde? Es macht es schlichtweg einfacher, die Übungen in den Tagesablauf einzubauen, da man sich keinen extra Zeitblock reservieren muss (wie es der Fall wäre, wenn man alle Übungssätze hintereinander absolvieren müsste).

Mein persönlicher Tagesablauf beinhaltet viele längere Telefonate und Blöcke konzentrierter Arbeit. In den Pausen dazwischen (nach ca. 60 Minuten) absolviere ich gerne einen Trainingssatz. Das hilft auch, um die stehende oder sitzende Position am Schreibtisch kurz zu verlassen. Durch die extrem kurze Trainingszeit (15 bis 20 Sekunden) kommt man nicht einmal ins Schwitzen.

Man kann sich das auch sehr gut als Gewohnheit antrainieren, bei fast jeder Gelegenheit einen Trainingssatz zu absolvieren. Wann immer ich mich an den Schreibtisch begebe oder in die Küche, um Wasser zu holen, frage ich mich, ob ein Trainingssatz fällig wäre. Da sowohl neben meinem Homeoffice-Arbeitsplatz als auch im Durchgang zur Küche Griffe bzw. eine Reckstange montiert sind, kann ich jedes Mal einen Satz Klimmzüge absolvieren, ohne mir extra Zeit reservieren zu müssen.

Der Gedanke hinter der Verteilung der Sätze auf den ganzen Tag stammt übrigens aus dem lesenswerten Buch „The Naked Warrior" von Pavel Tsatsouline[5], der sich auf Krafttraining-Strategien aus der ersten Hälfte des 20. Jahrhunderts bezieht. Hier war das Trainieren bis zum Muskelversagen anscheinend die Ausnahme. In dem Buch wird das über den Tag verteilte Trainieren als „grease the groove" beschrieben: Anstatt einmal bis ans Limit zu gehen, wird empfohlen, immer wieder und bei jeder Gelegenheit die Übung korrekt und mit nur wenigen Wiederholungen durchzuführen, ohne die Muskeln zu ermüden.

Auch beim NPT ist es das Ziel, den Muskeln genug Zeit zur Erholung zu geben. Wir haben bereits gesehen, dass die Muskeln bei intensiv ausgeführten Übungsvariationen nicht bis zur vollen Ermüdung beansprucht werden müssen, um Kraftzuwachs zu erzielen, sondern dass eine hohe Zahl an Sätzen pro Woche angestrebt werden sollte.

Das geht natürlich am besten, wenn die Muskeln zwischen den Sätzen genug Pause erhalten, um im Anschluss wieder mit voller Intensität trainieren zu können. Man kann also immer wieder trainieren, ohne sich am Ende des Tages erschöpft zu fühlen, und somit bei jedem Satz mit hoher Intensität trainieren.[8]

Wenn man aufmerksam nachrechnet, dann sind 6 Sätze mit ca. einer Stunde Pause dazwischen bis zum Mittag absolviert. An manchen Tagen versuche ich tatsächlich, bis Mittag alle Sätze absolviert zu haben, damit meine Muskeln noch mehr Zeit haben, bis zum nächsten Training dieser Muskelgruppe zu regenerieren. An anderen Tagen verteile ich die Sätze über den ganzen Tag – je nachdem, wie es gerade in meinen Tagesablauf passt. Auch das bringt auf Dauer wieder Variation in den Trainingsablauf.

Welche der beiden Varianten die effizientere ist, hängt von vielen Variablen ab, daher gilt auch hier: So trainieren, wie es der Tagesablauf zulässt, und man erhält automatisch eine gewisse Variation.

VIELE SÄTZE PRO WOCHE

Beim klassischen Training scheint es fast keinen Unterschied zu machen, ob man häufiger pro Woche trainiert oder alle Sätze an einem Tag absolviert,[8,12] solange das Trainingsvolumen das gleiche ist.

Ähnlich beim NPT: Es ist nicht zwingend nötig, an einem Tag pro Woche möglichst viele Sätze zu absolvieren, falls es der Tagesablauf gerade nicht zulässt. Wenn man heute nur zum Absolvieren von 4 Sätzen kommt, ist das kein Problem, denn im Laufe der Woche ergeben sich viele weitere 1-Minuten-Fenster, in denen man sein Trainingspensum erledigen kann.

Die Trainingssätze auf mehrere Tage pro Woche aufzuteilen, hat den Vorteil, dass die Muskeln immer frisch bleiben und dadurch in jedem Satz mit hoher Intensität trainiert werden können. So erreicht man ein hohes Trainingsvolumen, also eine hohe

Gesamtzahl der Sätze pro Woche mit vergleichsweise hoher Intensität. Ich würde daher nicht mehr als 8 intensive Sätze an einem Tag absolvieren, da man andernfalls nicht mit gleichbleibend hoher Intensität trainieren kann und darüber hinaus Ermüdung und leichte Schmerzen auftreten können.

Durch die kurze Dauer eines Satzes, die fehlende Ermüdung und die schnelle Regeneration der trainierten Muskeln hat man sogar die Möglichkeit, insgesamt mehr Sätze pro Woche zu absolvieren als mit traditionellem Training.

DIE ANZAHL DER TRAININGSSÄTZE PRO WOCHE

Die wissenschaftlichen Untersuchungen bei konventionellem Training kommen zu unterschiedlichen Ergebnissen bezüglich der optimalen Anzahl an Sätzen pro Woche.[10]

Mir ist nicht bekannt, dass dies bei einem ähnlichen Ansatz wie dem NPT bereits untersucht wurde. Insofern kann ich hier keine eindeutige Zahl angeben.

Eine Definition der optimalen Anzahl von Trainingssätzen pro Woche ist vermutlich nicht allgemeingültig zu definieren. Das wäre beim NPT auch irreführend, denn der NPT-Ansatz besteht immerhin darin, das Training dem Alltag anzupassen und so viele Sätze zu absolvieren, wie es der jeweilige Tag erlaubt. Nicht umgekehrt. Das führt automatisch in einer Woche zu etwas mehr absolvierten Trainingssätzen, in einer anderen

Woche kommt man auf weniger. Lang lebe die Variation!

Meiner Erfahrung nach sind 2 Trainingstage pro Muskelgruppe mit jeweils 6 Sätzen absolut ausreichend. Mir persönlich tut dieses Pensum gut und es hat mir bisher deutliche Zuwächse an Kraft ermöglicht.

Die Schwankungsbreite liegt aber zwischen einem und drei Trainingstagen pro Muskelgruppe, sodass auch 6 oder 18 Sätze pro Woche vorkommen können. Diese Schwankung wird entweder durch das Feedback beeinflusst, das mir mein Körper signalisiert, oder durch die äußeren Umstände vorgegeben. Man profitiert so von der fast automatisch vorkommenden Variation und dem dadurch veränderten Trainingsreiz.

Ich trainiere übrigens ganz bewusst nicht regelmäßig mehr, als nötig ist, auch wenn ich die Zeit dazu hätte.

Das NPT soll durch seine Effizienz Freiräume schaffen für ebendiese anderen Dinge des Lebens.

ERHOLUNG ZWISCHEN TRAININGSTAGEN

Der Frage nach der Anzahl der Sätze schließt sich die Frage nach Erholungspausen an: Wie viel Zeit sollte man einer trainierten Muskelgruppe mindestens geben, um sich zu erholen und zu wachsen, bevor man erneut trainiert?

Ein Krafttraining wie das NPT vermeidet das Muskelversagen und erlaubt eine deutlich schnellere Erholung der Muskeln als ein klassisches Training bis zum Muskelversagen.[2] Ich würde deshalb auch beim Thema Erholung entspannt und pragmatisch agieren:

1. Ich vermeide es in der Regel, die gleiche Muskelgruppe an zwei aufeinanderfolgenden Tagen zu trainieren.

2. Alles andere sehe ich gelassen.

Damit können sich beispielhaft folgende Wochenschemata ergeben, je nachdem, ob man eine oder zwei Muskelgruppen pro Tag trainieren möchte:

1 Muskelgruppe pro Tag

Wochentag	Übung
Montag	Klimmzüge
Dienstag	Kniebeugen
Mittwoch	Rücken
Donnerstag	Liegestütze
Freitag	Bauch
Samstag	Pike Push-ups
Sonntag	Ruhe

2 Muskelgruppen pro Tag

Wochentag	Übung
Montag	Klimmzüge & Rücken
Dienstag	Kniebeugen & Bauch
Mittwoch	Liegestütze
Donnerstag	Klimmzüge
Freitag	Pike Push-ups & Bauch
Samstag	Kniebeugen
Sonntag	Ruhe

Wie du siehst, kann man das Training gleicher oder zum Teil überlappender Muskelgruppen (zum Beispiel Trizeps und vordere Schulter bei Pike-Push-up und Liegestütz) an zwei aufeinander-folgenden Tagen gut vermeiden. Eine Ausnahme ist das Bauchmuskeltraining, da Bauchmuskeln auch bei Liegestützen, Pike-Push-ups und vielen anderen Übungen trainiert werden. Doch auch hier zählt zum einen die Abwechslung und zum anderen ist das Trainieren an aufeinanderfolgenden Tagen nicht allzu schlimm, wenn man nicht bis zum Muskelversagen trainiert.

Du vermißt an dieser Stelle eine große Anzahl von Trainingsplänen? Die sind nicht nötig, da dein Alltag automatisch entsprechende Variationen herbeiführt, zum Beispiel:

- Du warst gestern Bergsteigen und hast Muskelkater in den Oberschenkeln? Dann wirst du heute nicht wie geplant Kniebeugen absolvieren, sondern eine andere Übung

- Du willst heute Abend Klettern gehen? Dann wirst du heute tagsüber wahrscheinlich keine mit dem Klettern verwandten Klimmzüge machen, sondern vielleicht Kniebeugen

- Du musst heute ins Büro? Da es dort keine Klimmzugstange gibt, machst du Kniebeugen statt der geplanten Klimmzüge

Auf diese Art richtest du dein Training nach dem Alltag aus, und die Variation kommt von selbst. Komplizierte Trainingspläne sind bei NPT daher unnötig. **Keep it simple**!

AUFGRUND VON ZEITMANGEL KEIN KRAFTTRAINING ZU BETREIBEN, IST EINE AUSREDE

An dieser Stelle möchte ich noch einmal den geringen zeitlichen Aufwand beim NPT vor Augen führen: Der gezeigte Trainingsplan einer „durchschnittlichen" Woche sieht mit 10 Übungen relativ voll aus.

Doch für jede dieser Übungen werden nur jeweils 6 Wiederholungen absolviert. Jede dieser Wiederholungen dauert ca. 40 Sekunden, wenn man das In-Position-Gehen und das Wiederaufstehen dazu zählt. Der zeitliche Gesamtaufwand beträgt entsprechend nicht mehr als 40 Minuten pro Woche, also etwas mehr als 5 Minuten pro Tag, um die meisten Muskelgruppen zweimal pro Woche zu trainieren. Das ist weniger Zeit, als man in das tägliche Zähneputzen investiert.

Wenn man im Fitnessstudio das gleiche Pensum absolvieren möchte, sind die 36 Minuten oftmals schon für zweimal An- und Abfahrt plus Umziehen ver(sch)wendet, ohne eine einzige Hantel gehoben zu haben.

WAS SPRICHT GEGEN TÄGLICHES TRAINING?

Es gibt entgegen landläufiger Meinung tatsächlich auch wissenschaftliche Überlegungen, dass tägliches Training den Muskelaufbau besser stimulieren könnte als zum Beispiel Training an zwei Tagen pro Woche.[13] Es sollte auch beim NPT gut funktionieren, da die Muskelermüdung fast ausbleibt und die Regeneration schnell einsetzt.

Von der Empfehlung aus dem Buch „The Naked Warrior"[5], 6 Tage pro Woche die gleichen Übungen zu trainieren, würde ich trotzdem abraten, um den Muskeln bzw. dem gesamten Bewegungsapparat die Chance auf Erholung zu geben.

Wenn man das NPT richtig anwendet, sollte man eher darauf achten, dass das Muskelwachstum nur so schnell vorangeht, dass die Sehnen, Bänder und Gelenke nicht überfordert werden. Insofern wäre meine Empfehlung, genügend Tage der Regeneration einzubauen.

Ab und zu nutze auch ich tägliches Training der gleichen Muskelgruppe, um den Stimulus zu variieren. Das kommt aber nur selten vor, und selbst dann limitiere ich das Ganze auf maximal 4 aufeinanderfolgende Tage.

VARIATION UND DELOADING: DIE MISCHUNG MACHT ES AUS

VARIATION

Viele Quellen der Sportwissenschaft und einschlägige Websites sind sich einig: Auf lange Sicht braucht es neben einem guten Trainingsprogramm vor allem Variation. Man sollte dazu einige der Trainingsparameter variieren, zum Beispiel:

- Anzahl der Sätze
- Intensität der Übung
- Trainingsumfang
- Trainingshäufigkeit

Ziel der Variation ist es, die Trainingsstimuli immer wieder zu verändern, um nicht in eine Art Trainingsplateau zu kommen: Man trainiert mit voller Kapazität, sieht aber keine Fortschritte mehr im

Trainingsergebnis. Details hierzu sind sehr gut im Buch „Hypertrophietraining"[1] beschrieben.

Das Ausarbeiten eines „perfekten" Trainingsplanes ist deswegen nicht erstrebenswert, da dieser nur für kurze Zeit „perfekt" wäre. Mit der Zeit gewöhnt sich der Körper an die Trainingsreize und schon bald wäre ein anderer Plan „perfekt".

Meine Strategie ist es daher, stressfrei Variation in mein Training zu bringen:

1. Ich höre auf meinen Körper, vor allem ob etwas schmerzt oder sich Muskeln schwer und müde anfühlen. So passe ich mein Training spontan an. Das klingt logisch, ist es auch. Man muss es allerdings auch umsetzen, anstatt sich von den eigenen Ambitionen zu sehr antreiben zu lassen.

2. Ich stresse mich nicht, wenn der Alltag mir doch einmal kaum Zeit zum Trainieren lässt. Dies interpretiere ich so, als würde mir auf diese Art ein ganz besonders „dürrer" Trainingsplan verordnet werden. Ich versuche dann, dankbar zu sein für die unfreiwillige Variation oder das Deloading.

DELOADING

Auch wenn alles rund läuft und man genug Gelegenheiten zum Trainieren hat, sollte man nicht vergessen, alle paar Wochen einen Gang herunterzuschalten und ein sogenanntes Deloading durchzuführen, das heißt, den Körper gezielt zu entlasten, anstatt ihn mit voller Stärke immer weiter zu trainieren.

Würde man immer mit voller Auslastung trainieren, hätte dies ein sogenanntes Trainingsplateau zur Folge, im schlimmsten Fall droht eine erhöhte Verletzungsanfälligkeit.

In einer Deloading-Phase trainiert man, verglichen mit dem regulären Training, entweder sehr wenig, mit geringerer Intensität oder überhaupt nicht. Ich selbst nutze hierfür gerne Reisen oder turbulente Zeiten, in denen ich mich ohnehin ungern mit Krafttraining beschäftigen möchte. Krankheitsbedingte Trainingspausen zähle ich ebenfalls dazu.

Für ausführlichere Informationen zu Variation und Deloading, zu deren Möglichkeiten und Dauer möchte ich auf das Buch „Hypertrophietraining"[1] verweisen.

DIE ÜBUNGEN UND VARIATIONEN

Bevor ich mit der Beschreibung der Übungen beginne, möchte ich erneut betonen: Das Ziel dieses Buches ist keine sportwissenschaftliche Abhandlung, sondern eine persönliche Strategie. Es gibt bereits ein breit gefächertes Angebot an Informationen im Internet und in Sportzeitschriften, denen man die korrekten Ausführungen dieser Übungen sowie deren Vor- und Nachteile im Detail entnehmen kann. Eine weitere ausführliche Abhandlung ist an dieser Stelle nicht nötig.

Hervorheben möchte ich zudem die Website von Verywell Fit, die aus meiner Sicht hervorragende Informationen zu den einzelnen Übungen bietet[14] – fundiert und oftmals mit entsprechenden wissenschaftlichen Referenzen für das weiterführende Selbststudium.

Im weiteren Verlauf des Buches findest du einen Leitfaden, welche Körpergewichtsübungen aus meiner Sicht sehr gut geeignet sind, die wichtigsten Bewegungen und Muskelgruppen zu trainieren und mithilfe von Variationen die Intensität einer Übung immer weiter zu steigern. Daher erfolgt die Aufzählung der Übungen in steigender Intensität.

Ein wichtiges, für all diese Übungen gültiges Prinzip ist, dass man die Körpergewichtsübungen problemlos steigern kann, indem man den Körperschwerpunkt verlagert und so beispielsweise einem Arm mehr Druck bzw. Zug abverlangt.

RÜCKEN, SCHULTER, BIZEPS UND UNTERARM

Um den oberen Rücken, die Schulter, den Bizeps und den Unterarm zu trainieren, ist der Klimmzug am effektivsten. Für diesen brauchst du entweder eine Klimmzugstange, die du an den Türrahmen hängen oder in den Türrahmen spreizen kannst. Alternativ kannst du dir zwei entsprechend stabile Griffe mit zwei Dübeln in die Decke montieren.

LATZIEHEN AM TISCH:
DER KLEINE KLIMZUG

Wenn der reguläre Klimmzug noch zu schwer ist, beginnst du am besten mit der einfacheren Variante des Latziehens am Tisch oder an einem Fahrradständer, wie auf dem Bild zu sehen ist.

Der Begriff Latziehen bezieht sich auf das Lateinische *Musculus latissimus dorsi*, einen Muskel, der einen breiten oberen Rücken macht und der bei dieser Übung besonders gefordert und trainiert wird.

Da bei dieser Übung aufgrund der Körperposition nur ein Teil des eigenen Körpergewichts gezogen wird, ist diese Übung einfacher als ein regulärer Klimmzug, bei dem das gesamte Körpergewicht bewältigt werden muss. Du solltest dich vorab vergewissern, dass der Tisch das entsprechende Gewicht aushält.

Zur Übungsausführung legst du dich mit den Beinen unter einen Tisch, greifst die Tischplatte und ziehst dich hoch, bis die Brust die Platte fast berührt. Den

Oberkörper oben kurz halten und dann wieder absenken, bis die Arme fast gestreckt sind, ohne aber den Körper abzulegen.

Die Schultern bleiben dabei angespannt. Variation kannst du durch verschiedene Griffbreiten erzeugen.

REGULÄRER KLIMMZUG

Für den klassischen Klimmzug umgreifst du die Klimmzugstange etwas mehr als schulterbreit im Obergriff (das heißt, beide Daumen zeigen nach innen) und ziehst den Körper nach oben, bis sich das Kinn über der Stange befindet.

Wenn du die Beine nicht nach hinten kreuzt, sondern gestreckt nach unten und leicht nach vorne hältst, trainierst du ganz nebenbei auch noch die Bauchmuskeln.

Als Variation solltest du ab und zu die Art des Griffes verändern, zum Beispiel im Untergriff. Hierbei zeigen die Daumen nach außen und man greift enger als beim Obergriff.

Falls du ergänzend zur Klimmzugstange auch Griffe in der Decke verwendest oder Zugang zu einem Calisthenics-Park hast, kannst du hier zwar nicht die Griffbreite, aber die Ausrichtung variieren, zum Beispiel mit dem Hammergriff, bei dem die Daumen nach hinten zeigen, wie auf dem Bild zu sehen ist.

Dieser Griff ist für mich zum Beispiel angenehmer als der Ober- und der Untergriff.

KLIMMZUG MIT BAND

Falls das Latziehen am Tisch zu leicht, der reguläre Klimmzug aber noch zu schwer ist, kannst du übergangsweise ein entsprechend starkes elastisches Widerstandsband bzw. Klimmzugband an der Stange befestigen, um weniger Körpergewicht nach oben ziehen zu müssen. Diese Bänder gibt es in verschiedenen Stärken, sodass du eine unterschiedlich starke „Erleichterung" erhalten kannst.

Somit solltest du eine lange Zeit unter Spannung erzeugen, ohne die Muskeln zu ermüden.

ASYMMETRISCHER KLIMMZUG

Was tun, wenn du so viel Kraft gewonnen hast, dass der Klimmzug für das NPT zu einfach geworden ist? Sich Körpergewicht anzufuttern, würde ich keinesfalls empfehlen.

Ein anderer Ansatz wäre, das Körpergewicht ungleich auf beide Arme zu verteilen und einen asymmetrischen Klimmzug zu absolvieren.

Natürlich funktioniert das anfangs am besten in der exzentrischen Phase, also beim Herunterlassen des Körpers, da hier mehr Widerstand erzeugt werden kann: Hochziehen symmetrisch, oben dann den Körper auf eine Seite verlagern und entsprechend asymmetrisch senken.

Eine andere Variante besteht darin, den Griff auf einer Seite so zu modifizieren, dass du mit diesem Arm weniger Kraft aufbringen kannst, zum Beispiel wenn sich ein Arm an einem Handtuch hochzieht, der andere normal an die Stange greift, so wie im Buch „Trainieren wie im Knast" beschrieben.[3]

Wenn du das Ganze zu Ende denkst und immer mehr Asymmetrie einbaust, so steht der einarmige Klimmzug als intensivste Übung am Ende dieser Reihe. Die nähere Beschreibung lasse ich aus, da jeder, der in der Lage ist, einen einarmigen Klimmzug zu versuchen, weiß, wie das geht.

TRIZEPS, SCHULTER- UND BRUSTMUSKELN

Liegestütze in all ihren Varianten trainieren nicht nur Trizeps, Schulter- und Brustmuskeln, sondern bei richtiger Ausführung auch die Bauchmuskulatur.

Voraussetzung hierfür ist allerdings ein hohes Maß an Körperspannung und Konzentration.

REGULÄRER LIEGESTÜTZ BZW. PUSH-UP

Der Klassiker. In der Ausgangsstellung sollten die Hände schulterbreit aufgesetzt werden, die Finger zeigen nach vorne.

Du lässt den Körper in gerader Stellung fast bis zum Boden sinken. Der gesamte Körper ist dabei gespannt.

Die Ellbogen sollten bei der Beugung nach hinten zeigen, nicht seitlich nach außen, und die Arme liegen eng am Körper an.

Beim Hochdrücken ist äußerste Spannung im Körper gefragt, um die Intensität der Übung durch einen durchhängenden Rumpf nicht abzumildern.

ENGER LIEGESTÜTZ
BZW. DIAMOND-PUSH-UP

Im Prinzip funktioniert der enge Liegestütz genauso wie der normale Liegestütz, nur dass du die Hände sehr eng nebeneinanderstellst.

Es entsteht also zwischen Zeigefinger und Daumen der beiden Hände eine Raute bzw. ein Diamant, daher der englische Name. Durch die enge Handstellung musst du mehr Kraft aufbringen als beim normalen Liegestütz, um dich nach oben zu drücken, was die Übung entsprechend intensiver gestaltet.

EINBEINIGER LIEGESTÜTZ

Ja, ein*beinig*, (noch) nicht einarmig: Sobald der enge Liegestütz bzw. der Diamond-Push-up zu einfach ist, kannst du die Intensität weiter steigern und einen der Arme mehr in die Pflicht nehmen als den anderen, indem du das Körpergewicht verlagerst.

Am einfachsten funktioniert das, indem du während des normalen Liegestützes in schulterbreiter Handposition ein Bein anhebst. Dadurch verlagert sich ein Teil des Körpergewichts auf die Hand der gleichen Seite. Hebst du zum Beispiel das rechte Bein an, dann wird der rechte Arm mehr Druck ausüben müssen als der linke, da der Support des rechten Beines fehlt.

Voraussetzung ist natürlich wieder entsprechende Körperspannung – weit mehr als beim normalen Liegestütz. Entsprechend freuen sich die Bauchmuskeln auch über ein etwas intensiveres Training als beim engen Liegestütz.

ASYMMETRISCHER LIEGESTÜTZ
BZW. ARCHER-PUSH-UP

Wenn die einbeinigen Push-ups zu wenig Intensität bringen, kannst du dich an den einarmigen Liegestütz mithilfe asymmetrischer Liegestütze, sogenannter Archer-Push-ups, herantasten.

Dazu die Hände und Füße deutlich breiter als beim normalen Liegestütz aufsetzen und dann den Oberkörper über einen der Arme verlagern. Beide Beine bleiben auf dem Boden. Der zweite Arm wird in der Ausgangsstellung fast gestreckt. Durch die weit nach außen verlagerte Position kann und soll dieser Arm kaum zum Hochdrücken beitragen. Der aktive Arm wird dementsprechend viel intensiver trainiert.

Um die Belastung des Ellbogens gering zu halten, solltest du den außen stehenden Arm in der Belastungsphase nicht vollkommen strecken, sondern immer etwas gebeugt halten, wie auf dem unteren der beiden Bilder gezeigt wird. Ebenso solltest du dich darauf konzentrieren, mit dem fast gestreckten Arm bewusst nicht zu drücken, da er in einer ungünstigen Position steht.

Um mehr Abwechslung bei der Belastung der einzelnen Muskelgruppen von Trizeps, Schulter- und Brustmuskeln zu erzeugen, kannst du die Füße höher lagern als die Hände. So müssen die Arme beim Hochdrücken mehr Druck erzeugen und die Übung wird intensiver.

Bonus: Eine Variante wäre die Durchführung mit geradem Körper (nicht gezeigt), eine andere Variante die Durchführung mit abgeknickter Hüfte, wie im Bild zu sehen ist. Umgekehrt könntest du die Intensität eines Liegestützes übrigens verringern, wenn du die Hände erhöhst, indem du sie zum Beispiel auf einer Bank platzierst.

PIKE-PUSH-UP

Eine zweite Form der Abwechslung für Trizeps, Schulter- und Brustmuskeln, die vor allem den Trapezmuskel stärker involviert, bringt der sogenannte Pike-Push-up. Damit kannst du das „Stemmen über Kopf" simulieren, selbst wenn sich keine Bank in der Nähe befindet, auf die man die Füße platzieren könnte.

Beim Pike-Push-up platzierst du Hände und Füße näher beieinander als beim regulären Liegestütz und beugst die Hüfte, um so eine Spitze (Pike) zu erzeugen.

Zur Durchführung lässt du den Oberkörper langsam und kontrolliert nach vorne bzw. unten sinken, bis der Kopf fast den Boden erreicht. Vorsicht ist geboten, da die Bewegung anfangs ungewohnt und schwer ist und daher eine gewisse Verletzungs- gefahr für Gesicht, Kopf und Nacken birgt. Beim Hochdrücken solltest du wie immer auf entsprechende Körperspannung achten, zumal die korrekte Ausführung hier viel leichter abgefälscht werden kann als beim normalen Liegestütz.

SPANISH SQUATS

Falls du größere Probleme hast, das Gewicht bei einer Kniebeuge nach hinten zu verlagern, solltest du erst mit der spanischen Kniebeuge beginnen.

Dabei wird ein elastisches Band um die Waden gespannt, das die Unterschenkel nach vorne zieht. So kannst du den Körperschwerpunkt stark nach hinten verlagern, ohne umzufallen. Die restliche Ausführung unterscheidet sich nicht von der klassischen Kniebeuge.

Auch hierbei kannst du die Arme in der Position halten, die sich am besten anfühlt – möglicherweise näher am Körper als bei der klassischen Kniebeuge, da das Band einen beim Spanish Squat ohnehin vorne hält.

KLASSISCHE KNIEBEUGEN BZW. SQUATS

Über klassische Kniebeugen bzw. Squats wurde schon so viel publiziert, dass ich mich hier nur auf das Wesentliche konzentriere.

Auf jeden Fall ist es wichtig, das Gewicht eher nach hinten auf die Fersen zu verlagern, nicht nach vorne auf die Fußballen. Außerdem solltest du darauf achten, dass die Knie nicht nach innen einfallen. Du solltest nur so weit in die Hocke gehen, dass du eine stabile Position mit geradem Rücken noch einhalten kannst.

Ob die Arme nach vorne gestreckt werden oder die Hände an den Schläfen liegen, hängt sowohl von den jeweiligen Körperproportionen als auch von der Beweglichkeit der einzelnen Gelenke ab und ist nicht entscheidend.

BULGARIAN SQUATS BZW. SPLIT SQUATS

Wie auch bei anderen Übungen wird die Kniebeuge dann intensiver, wenn mehr Gewicht auf einem Bein liegt.

Hierfür eignet sich der Bulgarian Squat bzw. Split Squat am besten: Hierbei wird der hintere Fuß nach hinten auf einem Stuhl einer Bank oder einer anderen befestigten Erhöhung platziert. Durch Beugen des vorderen Beines senkst du den Körper ab, soweit du es mit aufrechtem Oberkörper schaffst, hältst kurz die Position und drückst dich dann wieder hoch.

Wie bei allen Arten der Kniebeuge solltest du unbedingt darauf achten, dass das Knie nicht nach innen einfällt, sondern gerade steht. Den Oberkörper aufrecht zu halten, ist genauso wichtig: Ein Hohlkreuz ist ebenso zu vermeiden wie das seitliche Abkippen. Um die aufrechte Position beizubehalten, muss der Körper sowohl die geraden als auch die schrägen Bauchmuskeln aktivieren, was diese entsprechend intensiv trainiert.

Der hintere Fuß befindet sich nicht auf der gleichen Linie wie der vordere Fuß, sondern ist in etwa schulterbreit seitlich versetzt.

PISTOL-SQUAT

Falls einem die Bulgarian Squats nicht intensiv genug sind, kannst du dich langsam in Richtung der einbeinigen Kniebeuge (Pistol-Squat) vorarbeiten.

Bei der Pistol-Squat gehst du auf nur einem Bein stehend in die Knie, genauer gesagt in das Knie. Das andere Bein, das nicht belastet wird, zeigt ebenso wie die beiden Arme nach vorne, soweit es möglich ist.

Eine Pistol-Squat korrekt durchführen zu können, benötigt sehr viel Training. Daher tastest du dich am besten langsam heran, zum Beispiel indem du bei den Bulgarian Squats das hintere Bein immer weniger belastest oder indem du die Pistol-Squat nicht bis zum Boden durchführst, sondern nur auf halbe Strecke nach unten gehst und auf dich kurz auf einer Bank oder einem Hocker absetzt.

Alternativ kannst du ein Widerstandsband an einer Klimmzugstange befestigen und dich während des Pistol-Squats daran festhalten, um die Variation leichter zu gestalten.

REVERSE NORDICS

Falls du eine Alternative zu Kniebeugen suchst, kannst du sogenannte Reverse Nordics anwenden, um die Oberschenkelmuskeln zu trainieren.

Dazu kniest du dich mit aufrechtem Oberkörper hin und lässt den gestreckten Oberkörper langsam nach hinten kippen, soweit du ihn kontrolliert halten kannst. Die Position kurz halten und anschließend wieder nach vorne in die aufrechte Position kommen.

Diese Übung kann aus meiner Sicht sehr intensiv für die Oberschenkel und die gesamte vordere Muskelkette sein, wenn man sich entsprechend weit zurückbeugt.

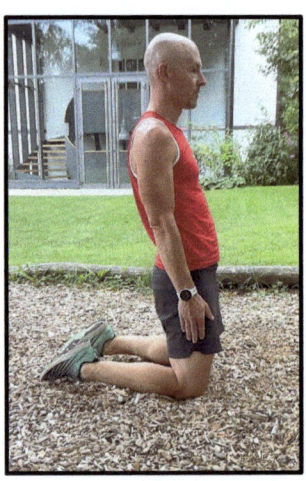

BAUCH

Sowohl für Bauch- als auch für Rückenübungen gilt, dass hier mitunter weniger intensive Übungen geeignet sind, da der Rumpf anderen Belastungen ausgesetzt ist als der Rest des Körpers. Egal, ob ich stehe oder sitze oder gehe: Bauch- und Rückenmuskeln sind immer zu einem gewissen Grad aktiv. Insofern ist es hier zulässig oder sogar wünschenswert, mit isometrischen (statischen) Übungen zu arbeiten, die weniger ermüdend sind.[15,16] Auch hier ziele ich auf etwa 20 Sekunden Anspannungsdauer pro Satz.

Trotzdem gilt auch hier das NPT-Prinzip, sodass man mit sehr intensiven Übungen und wenig zeitlichem Aufwand Muskeln und Kraft aufbauen kann.

Ich gebe hier nur einige Beispiele von Rumpfübungen an. Sollten dir die gezeigten Übungen nicht ausreichen oder nicht gefallen, würde ich empfehlen, auf *verywellfit.com* oder anderen Websites weitere Übungen nachzuschlagen, denn Rumpfübungen sind Geschmacksache und auch hier zählt Variation.

Die an dieser Stelle gezeigten Übungen sind jedoch ausreichend, zumal die vorher genannten Ganzkörperübungen wie Latziehen, Liegestütz und Kniebeugen ebenso den Rumpf trainieren.

HÜFTHEBEN BZW. KERZE

Extrem unspektakulär, extrem effizient für Bauchmuskeln und immer und überall durchführbar: die Kerze bzw. das Hüftheben in Rückenlage.

Du liegst mit flachem Oberkörper auf dem Rücken, hebst die Beine um ca. 90 Grad zur Decke und versuchst dann, die Hüfte vom Boden zu heben.

Nach meiner Erfahrung intensiviert sich die Übung deutlich, wenn man mit den gestreckten Händen Gegendruck auf dem Boden ausübt.

JANDA-SIT-UP

Diese Form des Sit-ups strengt vor allem die geraden Bauchmuskeln stark an. Der Sinn des Janda-Sit-ups ist es, die Hüftstrecker während der Bewegung zu deaktivieren, was beim klassischen Sit-up nur unzureichend gelingt.

Die Hüftstrecker sind an der Wirbelsäule befestigt, und eine zu starke Aktivierung oder Kräftigung dieser Muskeln kann Wirbelsäulenprobleme verursachen oder verstärken. Das Spannen eines elastischen Widerstandsbandes um die Waden soll genau diese Hüftstreckeraktivierung verhindern, indem die antagonistische Bewegung aktiviert wird.[17] Um das vollends zu erreichen, solltest du versuchen, während der Bewegung die Füße in den Boden bzw. in Richtung Po zu ziehen, ohne dass sie sich bewegen.

Eine empfehlenswerte Anleitung inklusive Video findest du unter *straightupspineandposture.com*.

SIDE-PLANK

Eine meiner Lieblingsübungen, da sie sowohl die geraden als auch die seitlichen Bauchmuskeln aktiviert und fast immer und überall durchführbar ist.

Du legst dich auf die Seite und stützt dich einerseits mit Ellbogen oder Hand und andererseits mit der Fußkante ab. Die Hüfte wird gestreckt und der ganze Körper bildet eine Linie. Die Variante auf der Hand ist einfach, die auf dem Unterarm abgestützte Variante ist schwerer. Wichtig bei dieser Übung ist, die Hüfte entsprechend gerade zu halten, sowohl in seitlicher als auch in vorderer Ausrichtung.

Die Intensität lässt sich weiter steigern, indem du zum Beispiel das obere Bein anhebst und anfängst, es vor- und zurückzuschwingen, um so Instabilität zu erzeugen. Die Bauchmuskeln freuen sich…

SUPERMAN

Diese Übung kennt wohl jeder aus dem Schulunterricht: Du legst dich auf den Bauch und hebst dann Arme und Beine an. Viel mehr gibt es dazu nicht zu sagen, außer dass es mir persönlich hilft, zuerst die Beine zu heben und dann erst den Oberkörper.

SUPERMAN MIT WIDERSTAND

Falls der Superman irgendwann zu wenig intensiv ist, kannst du diese Übungen entsprechend intensivieren, indem du die Hände zum Beispiel unter ein Bett oder einen Schreibtisch legst oder anderweitig fixierst und dann versuchst, den Widerstand nach oben zu drücken.

REVERSE PLANK

Eine weitere Übung für die hinteren Muskelketten ist eine umgekehrte (reverse) Plank.

Die Ausführung ist ebenfalls relativ einfach: Du hebst in Rückenlage den Körper gestreckt vom Boden ab. Auflagepunkte sind die Fersen und die Arme (leichtere Variante) bzw. die Ellbogen (schwerere Variante). Noch intensiver wird die Übung, indem du zum Beispiel ein Bein oder einen Arm vom Boden abhebst.

ZWEI-/DREI-/VIERBEINIGER TISCH

Du gehst in die Tischposition, das heißt auf alle Viere, der Bauch zeigt nach oben. Rücken durchstrecken und Pomuskeln anspannen (vierbeiniger Tisch).

Um die Übung schwerer zu machen, kannst du auch hier entweder ein Bein oder einen Arm anheben (dreibeiniger Tisch, siehe Bild). Wenn selbst das nicht mehr intensiv genug ist, kannst du ein Bein und den gegenüberliegenden Arm gleichzeitig heben (zweibeiniger Tisch). Falls dies eine wackelige Angelegenheit wird, empfehle ich stattdessen einen sauber ausgeführten dreibeinigen Tisch.

HÄNGEN AM HANDTUCH

Diese Übung habe ich dem Buch „Trainieren wie im Knast 2" [4] entnommen: Wenn du eine Möglichkeit für Klimmzüge hast, kannst du auch ein stabiles Handtuch um die entsprechenden Griffe oder die Klimmzugstange wickeln und dich frei schwebend daran festhalten.

Anfangs ist mir das nicht einmal zwei Sekunden gelungen, aber mit dem entsprechenden Prinzip der NPT (nie bis ans komplette Limit gehen, also nie bis zum Muskelversagen) habe ich sehr schnell einen entsprechenden Kraftzuwachs festgestellt und hänge heute regelmäßig 10 Sekunden. Im Prinzip kannst du hier die Intensität steigern, indem du statt des Handtuchs ein abgesägtes Tischbein oder ein anderes Rundholz verwendest. Du kannst gleichzeitig die Bauchmuskeln trainieren, indem du die Beine leicht hebst und den Rücken rund machst bzw. das Becken vorne nach oben ziehst.

ZIELE ERFÜLLT

Durch intensive Recherche und ausführliches Testen konnte ich ein Trainingskonzept entwickeln, dass meine Anforderungen voll erfüllt:

Effiziente, kurze Trainingseinheiten

▸ Eine NPT-Session ist in weniger als einer Minute durchführbar.

▸ Der Aufwand ist so gering, dass man nicht einmal ins Schwitzen kommt.

▸ Der zeitliche Aufwand ist geringer als der für das tägliche Zähneputzen.

▸ Die Trainingssätze können über den Tag verteilt werden.

Deutlicher Zuwachs an Kraft und Muskelmasse

▸ Der Zuwachs an Kraft ist enorm, aber als Laie schwer objektiv zu quantifizieren. Das stellt man spätestens dann fest, wenn man nach wenigen Wochen zur nächstintensiven Übungsvariation wechselt, weil die bisherige Variation zu leicht geworden ist.

▸ Man sollte allerdings lieber Vorsicht walten lassen und gegebenenfalls seltener trainieren, um den Fortschritt etwas zu bremsen, damit der gesamte Bewegungsapparat (Bänder, Sehnen etc.) Zeit bekommt, sich anzupassen, und so Verletzungen vorzubeugen.

- Der Zuwachs an Kraft ist mehr als ausreichend für die Verbesserung von sportlicher Leistung sowie der Gesundheit und Alltagsbewegungen wie zum Beispiel in gesunder Haltung zu stehen, zu sitzen, sich hinzuknien, aufzustehen etc. Wenn man möchte, kann man durchaus ein Kraftausdauertraining ergänzen, um den Aspekt der ständigen Wiederholung einer Bewegung besser abzudecken. Das würde allerdings eher ein Training von vielen Wiederholungen bis zur Erschöpfung der Muskeln bei kleineren Intensitäten erfordern. Ich selbst bevorzuge stattdessen Fahrradfahren an der frischen Luft.

- Der Zuwachs an Muskelmasse ist deutlich zu sehen – wobei man für große Muskelberge natürlich auch die Ernährung anpassen und täglich mindestens 1,4 Gramm Protein pro Kilogramm Körpermasse zuführen müsste.[1]

Training ohne Qual

- Beim NPT muss und soll man nicht bis zum Muskelversagen trainieren.

- So ist selbst die Ausführung von Übungen mit hoher Intensität nicht schmerzhaft.

- Muskelkater bleibt im Normalfall aus.

Keine besondere Ausrüstung

▸ Es handelt sich um Körpergewichtsübungen.

▸ Außer einer Klimmzugstange und eventuell einem Fitnessband benötigt man keine Fitnessgeräte.

▸ Die Mitgliedschaft in einem Fitnessclub ist also nicht nötig.

Anpassung des Trainings an die eigenen Lebensumstände – nicht umgekehrt

▸ Das NPT ist fast immer und überall nebenher durchführbar.

▸ Dadurch muss man seinen Tagesrhythmus nicht dem Training anpassen, sondern trainiert dann, wenn es einem gerade passt.

▸ Da auch die am Vortag trainierten Muskeln nicht so ermüdet sind wie beim konventionellen Training, kann man seinen Sport ohne Einschränkungen betreiben und muss keine anderen sportlichen Aktivitäten (zum Beispiel Klettern) an seinen Trainingsplan anpassen.

▸ Die Anpassung an sich ändernde Lebensumstände bzw. den Alltag bringt automatisch einen gewissen Grad an Variation des Trainings, was für einen langfristigen Erfolg wichtig ist – das Training macht mit, nicht umgekehrt.

Keep it simple

▶ Man braucht keine großen, ausführlichen, immer wieder anzupassenden Trainingspläne und muss auch nicht allzu viel dokumentieren bei ca. 6 verschiedenen Übungen und einer einfachen Zählung der durchgeführten Sätze (die es jedoch nicht zwingend braucht).

WELCHE GRÜNDE SPRECHEN GEGEN DAS NPT UND WAS SIND AUSREDEN?

1. Ich kann das NPT nicht durchführen, weil ich täglich im Büro arbeite und mich die Kollegen bei der Arbeit blöd anschauen würden, wenn ich anfange, dort Liegestütze durchzuführen.

Wenn dem tatsächlich so ist, dann kannst du aufgrund der Kürze der Trainingssätze immer noch folgende Gelegenheiten für das NPT nutzen (immerhin brauchst du nur 5 bis 6 Sätze à 20 Sekunden):

1. Zu Hause, während der Kaffee brüht.
2. Zu Hause, kurz bevor du aus dem Haus gehst, um zur Arbeit zu fahren.
3. Beim Parken auf dem Firmenparkplatz (lege dir am besten ein paar Gartenhandschuhe ins Auto, dann kannst du überall Liegestütze durchführen. Kniebeugen gehen sowieso immer und überall).
4. Abends vor dem Einsteigen ins Auto.
5. Wenn du endlich zu Hause ankommst.

Das sind schon 5 Sätze, die täglich unterzubringen sein sollten. Und falls du ein Einzelbüro hast, kannst du tagsüber vor dem nächsten Telefonat oder Meeting die Tür für eine Minute früher schließen und noch ein oder zwei Sätze zusätzlich absolvieren.

Wenn du das Training 4 bis 6 Wochen lang absolviert hast, wird dein Trainingsfortschritt (bessere Haltung, breitere Schultern etc.) den Kollegen, die dir wichtig sind, ohnehin auffallen. Dann kannst du dein „Geheimnis" lüften und die Kollegen vielleicht sogar motivieren, mitzumachen. Wer weiß, ob sich nicht noch weitere Mitstreiter finden lassen und ihr vielleicht sogar eine Klimmzugstange im Büro installieren dürft?

2. An meinem Arbeitsplatz kann ich zwar trainieren, aber ich kann keine Klimmzüge durchführen, weil es keine Klimmzugstange gibt.

Dann gilt auch hier wieder das Prinzip:

> ## Passe dein Training an die Lebensumstände an, nicht umgekehrt.

Lege die Klimmzüge auf das Wochenende oder einen Homeoffice-Tag, den du vielleicht hast, und trainiere bei der Arbeit nur Liegestütze, Kniebeugen etc.

3. Meinem Chef würde es nicht gefallen, wenn ich tagsüber trainiere.

Das kann ich mir nicht vorstellen. Ich nehme an, dein Chef freut sich über einen gesunden Mitarbeiter, der langfristig weniger Ausfälle wegen orthopädischer Erkrankungen hat.

Ich empfehle ausdrücklich nicht, produktive Arbeitszeit zu unterbrechen, um zu trainieren. Damit wäre niemandem geholfen. Aber wenn man in der Arbeit ist, macht man ja automatisch auch Pausen, die man für einen Trainingssatz nutzen könnte. Zum Beispiel die Mittagspause, in der sich gleich mehrere Trainingssätze unterbringen lassen. Aber auch wenn man sich einen Kaffee holt spricht nichts dagegen, einen Satz Kniebeugen durchzuführen, während der Kaffee zubereitet wird. Das würde ohne den geringsten Verlust von Arbeitszeit erfolgen.

Wenn man seinen Arbeitstag aufmerksam wahrnimmt, werden einem viele Mikropausen auffallen, die sich täglich ergeben bzw. die einem aufgezwungen werden. Anstatt in einer solchen Situation automatisch in sein Handy zu schauen könnte man sich angewöhnen, automatisch einen Trainingssatz zu absolvieren. So nutzt man die Mikropause wenigstens sinnvoll und man kann zu den oben bereits erwähnten 5 Trainingssätzen vor und nach der Arbeit noch 4-5 weitere Sätze in den Pausen während eines Arbeitstages durchführen.

Wir sprechen hier immerhin nur von wenigen malen weniger als eine Minute, und jedes von der Krankenkasse oder dem Betriebsarzt empfohlene Recken und Strecken, Aufstehen oder kurze Stretching dauert länger. Demgegenüber steht ein fast unbezahlbarer Benefit für die Gesundheit des Mitarbeiters.

Noch besser wäre es natürlich, hier generell umzudenken und zu versuchen, das Programm auch bei der Arbeit bzw. im Büro zu etablieren. Wie wäre es denn mit einem Satz Liegestütze aller Mitarbeiter vor jedem Meeting? Oder mit einer Reckstange, die im Flur zwischen den Büros von der Decke hängt und an der man sich im Vorbeigehen mal eben dranhängt, um 5 Klimmzüge durchzuführen? Dieses Team würde sehr schnell zum fittesten der ganzen Firma werden, und die Firma müsste künftig keine teuren Mitgliedschaften im Fitnessstudio subventionieren, die oftmals von den Mitarbeitern gar nicht wahrgenommen werden.

WIE STARTET MAN AM BESTEN MIT DEM NPT?

Wenn du bis hierher gelesen hast, dann vermute ich stark, dass du das NPT testen möchtest. Wie solltest du am besten starten?

Bevor du mit dem eigentlichen NPT anfängst, musst du natürlich ermitteln, welche der Übungsvarianten geeignet ist, um mit > 60% des 1RM zu trainieren. Dazu wärmst du dich zunächst durch 15 bis 20 Minuten Joggen oder ähnliche Aktivitäten auf. Anschließend absolvierst du zum spezifischen Aufwärmen ca. 2 Sätze mit je 3 Wiederholungen einer Übung, zum Beispiel Liegestütze. Nach 2 Minuten Pause beginnt der eigentliche Test: Du gehst in die Liegestützposition und absolvierst so viele korrekte Liegestütze, wie du mit aller Anstrengung erreichst.

Hast du weniger als 15 Wiederholungen erreicht, ist diese Übungsvariante geeignet für das NPT. Hast du hingegen mehr als 15 Wiederholungen geschafft, ist diese Variation zu leicht und du solltest die nächstschwerere Variante wählen.

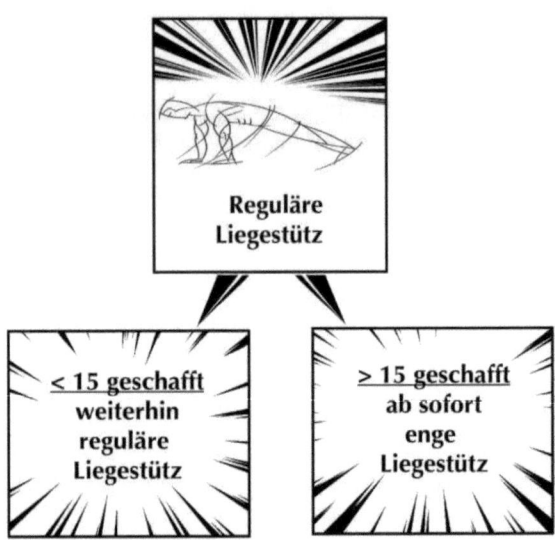

Bei statischen Übungen wie zum Beispiel einer Side-Plank gibt es keine Wiederholungszahl. Hier ziele ich auf 20 Sekunden Anspannung. Wenn du merkst, dass dir die Muskeln dabei schon ermüden, empfehle ich, die Dauer der Anspannung so weit zu reduzieren, dass die Muskeln nach einem Satz nicht erschöpft sind. An das Limit zu gehen und die Muskeln zu ermüden, ist in jedem Fall zu vermeiden.

Nach Absolvierung des Tests für alle Muskelgruppen bzw. Übungen gibst du dir 2 Tage Ruhe und startest erst dann mit dem NPT. Denn immerhin hast du bis zum Muskelversagen trainiert, und die Muskeln benötigen Zeit zur Erholung.

Zu Beginn des NPT sollte das Ziel zunächst sein, das Trainieren in den Mikropausen als Gewohnheit zu etablieren: Man steht auf, der Kaffee läuft durch die Maschine: 1. Trainingssatz. Nach dem Frühstück: 2. Trainingssatz. Man steht vom PC auf, um sich Wasser zu holen: 3. Trainingssatz ...

Die Gewohnheit, Mikropausen zu erkennen und zu nutzen, steht also im Vordergrund, nicht so sehr der Muskelaufbau. Letzterer entsteht als Nebeneffekt.

In den ersten 1 bis 2 Wochen würde ich empfehlen, tatsächlich nur eine Übung pro Tag zu absolvieren und zu versuchen, 5 bis 6 Sätze dieser einen Übung pro Tag zu erreichen. Es ist dabei egal, ob ein Satz aus 3 oder 5 Wiederholungen besteht. Entscheidend ist, dass du aufhörst, bevor die Ermüdung einsetzt.

Dein erster „Trainingsplan" könnte dann so oder ähnlich aussehen.

Wochentag	Übung
Montag	Klimmzüge
Dienstag	Kniebeugen
Mittwoch	Rücken
Donnerstag	Liegestütze
Freitag	Bauch
Samstag	Pike Push-ups
Sonntag	Ruhe

Einfacher geht es nicht.

Also gleich loslegen....

SCHLUSSWORT

Ich hoffe, mit der Vorstellung meines Trainings-konzepts des No-Pain-Trainings einen wertvollen Hinweis gegeben zu haben, wie du mit wenig Zeit viel erreichen kannst, ohne dich zu quälen und ohne dein Leben dem Training anpassen zu müssen, denn oftmals gibt es wichtigere Dinge als Krafttraining.

Insbesondere wenn man beruflich oder familiär stark eingebunden ist, braucht man mit der Anwendung von No-Pain-Training dann nicht völlig auf Muskeln und Kraft zu verzichten.

A bisserl was geht immer …

Roland Dorn

REFERENZEN

1. Prof. Dr. Stephan Geisler, Dr. Simon Gavanda, Dr. Eduard Isenmann, M. Sc. Tim Havers, 2023, Hypertrophie Training, 2. Auflage, riva Verlag
2. Morán-Navarro, R., Pérez, C.E., Mora-Rodríguez, R. et al. Time course of recovery following resistance training leading or not to failure. Eur J Appl Physiol 117, 2387–2399, 2017.
3. Paul "Coach" Wade, 2023, Trainieren wie im Knast, 8. Auflage, riva Verlag, ein Imprint der Münchner Verlagsgruppe GmbH
4. Paul "Coach" Wade, 2023, Trainieren wie im Knast 2, 2. Auflage, riva Verlag, ein Imprint der Münchner Verlagsgruppe GmbH
5. Pavel TsatsoulinE, 2003, The Naked Warrior, 1. Edition, Dragon Door Publications Inc, US
6. Marco Toigo, 2019, Muskel Revolution, 2. Auflage, Springer Verlag GmbH Deutschland
7. Grgic J, Schoenfeld BJ, Orazem J, Sabol F. Effects of resistance training performed to repetition failure or non-failure on muscular strength and hypertrophy: A systematic review and meta-analysis. J Sport Health Sci. 2022 Mar;11(2):202-211. doi: 10.1016/j.jshs.2021.01.007. Epub 2021 Jan 23. PMID: 33497853; PMCID: PMC9068575.
8. Grgic, J., Schoenfeld, B.J., Davies, T.B. et al. Effect of Resistance Training Frequency on Gains in Muscular Strength: A Systematic Review and Meta-Analysis. Sports Med 48, 1207–1220 2018. https://doi.org/10.1007/s40279-018-0872-x
9. González-Badillo JJ, Rodríguez-Rosell D, Sánchez-Medina L, Ribas J, López-López C, Mora-Custodio R, Yañez-García JM, Pareja-

Blanco F. Short-term Recovery Following Resistance Exercise Leading or not to Failure. Int J Sports Med. 2016 Apr;37(4):295-304. doi: 10.1055/s-0035-1564254. Epub 2015 Dec 14. PMID: 26667923.

10. DE Camargo JBB, Brigatto FA, Zaroni RS, Trindade TB, Germano MD, Junior ACT, DE Oliveira TP, Marchetti PH, Prestes J, Lopes CR. Manipulating Resistance Training Variables to Induce Muscle Strength and Hypertrophy: A Brief Narrative Review. Int J Exerc Sci. 2022 Jul 1;15(4):910-933. PMID: 36157335; PMCID: PMC9458289.

11. Richens B, Cleather DJ. The relationship between the number of repetitions performed at given intensities is different in endurance and strength trained athletes. Biol Sport. 2014 Jun;31(2):157-61. doi: 10.5604/20831862.1099047. Epub 2014 Apr 5. PMID: 24899782; PMCID: PMC4042664.

12. Schoenfeld BJ, Grgic J, Krieger J. How many times per week should a muscle be trained to maximize muscle hypertrophy? A systematic review and meta-analysis of studies examining the effects of resistance training frequency. J Sports Sci. 2019 Jun;37(11):1286-1295. doi: 10.1080/02640414.2018.1555906. Epub 2018 Dec 17. PMID: 30558493.

13. Dankel SJ, Mattocks KT, Jessee MB, Buckner SL, Mouser JG, Counts BR, Laurentino GC, Loenneke JP. Frequency: The Overlooked Resistance Training Variable for Inducing Muscle Hypertrophy? Sports Med. 2017 May;47(5):799-805. doi: 10.1007/s40279-016-0640-8. PMID: 27752983.

14. https://www.verywellfit.com (abgerufen am 6.3.2025)

15. Lum D, Barbosa TM. Brief Review: Effects of Isometric Strength Training on Strength and Dynamic Performance. Int J Sports Med. 2019

May;40(6):363-375. doi: 10.1055/a-0863-4539. Epub 2019 Apr 3. PMID: 30943568.

16. Oranchuk DJ, Storey AG, Nelson AR, Cronin JB. Isometric training and long-term adaptations: Effects of muscle length, intensity, and intent: A systematic review. Scand J Med Sci Sports. 2019; 29: 484–503. https://doi.org/10.1111/sms.13375

17. https://www.straightupspineandposture.com/exercise-library/janda-curl (abgerufen am 6.3.2025)